AF248321

NOTICE HISTORIQUE

SUR MADAME

DE MAINTENON.

PARIS, IMPRIMERIE DE E. POCHARD,
Rue du Pot-de-Fer, n. 14.

NOTICE HISTORIQUE

SUR MADAME

DE MAINTENON.

2e ÉDITION.

PARIS.

LIBRAIRIE DE J.-J. BLAISE,

RUE FÉROU-SAINT-SULPICE, N° 24.

1829

AVERTISSEMENT

Les *Conversations* de madame de Maintenon ont été publiées pour la première fois en 1757, sous le titre de *Loisirs de madame de Maintenon*.

L'Éditeur ne s'est pas nommé; il tenoit sans doute ce manuscrit d'une dame de Saint-Cyr, qui lui avoit recommandé de ne pas le livrer à l'impression. Le silence qu'il étoit obligé de garder l'a empêché de fournir les preuves qui auroient établi que l'ouvrage est de madame de Maintenon.

Il ne peut aujourd'hui exister aucun

A

doute sur ce point. On reconnoît presque à chaque ligne la manière de madame de Maintenon, à son style concis, vif, naturel et judicieux. Nous avons d'ailleurs sous les yeux un recueil qui contient toutes les Conversations de madame de Maintenon. Il est relié aux armes de mademoiselle d'Aumale. Cette demoiselle, qui a été élevée à Saint-Cyr, et qui a passé près de quinze années auprès de la fondatrice, avoit soigneusement recueilli tous les ouvrages de cette femme illustre, qui étoient conservés à Saint-Cyr. Elle-même avoit récité souvent la plupart de ces dialogues, dont plusieurs lui avoient été dictés par madame de Maintenon.

Ce petit volume contient quinze *Conversations*, tirées du recueil de mademoiselle d'Aumale, et qui n'ont jamais été imprimées.

Nous les publions à part, afin de conserver notre droit de propriété.

Une notice sur madame de Maintenon les précède : elle a déjà été insérée dans la Biographie universelle de M. Michaud. Nous y avons ajouté des développements qui nous ont paru utiles, et nous en avons fait disparoître quelques erreurs échappées à un premier travail.

Les *Conversations* de madame de Maintenon sont l'ouvrage le plus propre à éclairer les jeunes personnes sur la conduite qu'elles ont à tenir

A.

dans le monde, sur les défauts qu'elles doivent éviter, et sur les vertus qui font le principal ornement de leur sexe. Elles y puiseront des idées justes sur les bienséances, et ne pourront que gagner beaucoup en les lisant.

L. J. N. Monmerqué.

NOTICE HISTORIQUE

SUR

MADAME DE MAINTENON.

Françoise d'Aubigné , marquise de Maintenon, étoit petite-fille de Théodore Agrippa d'Aubigné ; elle naquit le 27 novembre 1635, dans la prison de la conciergerie de Niort , où Constant d'Aubigné , son père , étoit détenu. Elle fut baptisée par un prêtre catholique , et tenue sur les fonts par François , duc de La Rochefoucauld [1], gouverneur du Poitou , et par Françoise Tiraqueau, comtesse de Neuillan, dont le mari avoit le gouvernement de Niort.

Madame de Villette, sœur de Constant

[1] Le père de l'auteur des *Maximes*.

d'Aubigné , l'ayant visité dans sa prison, fut touchée de sa détresse, et elle emmena ses trois enfants dans son château de Mur-çay, où Françoise fut nourrie. Madame d'Aubigné redemanda bientôt sa fille , et elle lui fut ramenée à Bordeaux , au Château-Trompette, où d'Aubigné venoit d'être transféré.

La jeune Françoise passa ses premières années dans cette forteresse; elle a depuis raconté que jouant avec la fille du concierge , qui avoit un ménage en argent, celle-ci lui reprocha de n'être pas aussi riche qu'elle. « Cela est vrai, répondit-elle, « mais je suis demoiselle , et vous ne l'êtes « pas »; laissant déjà entrevoir ce sentiment de sa propre dignité , qui étoit le fond de son caractère, et qui l'a dirigée dans les circonstances les plus délicates de sa vie.

D'Aubigné sortit de prison en 1639, et ne voulant pas abjurer le calvinisme, comme il l'avoit promis, il partit pour la Martinique. Pendant la traversée , Françoise d'Aubigné tomba si gravement malade qu'on la tint pour morte; on alloi l'ensevelir dans les flots, quand sa mère crut s'apercevoir qu'elle conservòit encore un reste de chaleur. Madame de Maintenon racontant devant l'évêque de Metz cette circonstance de sa vie, le prélat lui dit : « Madame, on ne revient pas de si « loin pour peu de chose. »

Les affaires de Constant d'Aubigné prirent d'abord à la Martinique une face plus heureuse; mais, pendant un voyage que sa femme faisoit en France, pour réclamer des biens sur lesquels il avoit conservé des droits, il joua et perdit tout ce qu'il possédoit en Amérique. Madame d'Aubigné ne put rien terminer, et ils furent réduits à subsister des appointements d'une simple lieutenance. Cette femme courageuse et d'une austère vertu se consacra tout entière à l'éducation de ses enfans, et surtout de sa fille, qui donnoit déjà d'heureuses espérances. Elle lui faisoit lire dans Plutarque l'histoire des grands hommes de l'antiquité, et elle l'entretenoit souvent des exploits d'Agrippa d'Aubigné, et de la familiarité dont Henri IV avoit honoré ce héros ; faisant ainsi germer dans

l'ame de Françoise le sentiment des de-
voirs que lui imposoient le nom et l'illus-
tration de son aïeul.

Constant d'Aubigné mourut vers 1645,
peu de temps après le retour de sa femme ;
il ne laissoit aucune ressource à sa famille.
Madame d'Aubigné, revenue en France,
ne put refuser à madame de Villette
de lui confier de nouveau sa jeune fille ;
elle n'y consentit cependant qu'avec un
regret extrême, et pour obéir à l'impé-
rieuse loi de la nécessité. Elle craignoit
pour les principes religieux de Françoise,
et elle eut en effet la douleur de lui voir
embrasser le calvinisme, dont madame
de Villette faisoit profession.

Mademoiselle d'Aubigné trouva dans
le château de Murçay de fréquentes occasions de se livrer au penchant qu'elle avoit
naturellement de soulager les malheureux :
elle y distribuoit souvent d'abondantes
aumônes, au nom de sa tante, pour les vertus de laquelle elle conserva toujours tant
de vénération, que, pressée d'abjurer l'hé-
résie, et convaincue sur les principaux
points de dissidence, elle résistoit encore

et ne vouloit se rendre qu'à la condition
qu'on ne l'obligeroit pas de croire que sa
tante seroit damnée.

Madame de Neuillan, pour faire sa cour
à la reine-mère, et peut-être aussi à la
prière de madame d'Aubigné, obtint un
ordre pour retirer Françoise d'Aubigné
d'auprès de madame de Villette. On em-
ploya tous les moyens pour ramener Françoise à la religion de sa mère, mais les
exhortations et les conférences demeurè-
rent long-temps infructueuses. Madame
de Neuillan résolut de la vaincre par les
humiliations, et mademoiselle d'Aubigné,
reléguée parmi les domestiques, fut chargée des détails les plus abjects. « Je com-
« mandois dans la basse cour, disoit-elle
« depuis, et c'est par ce gouvernement
« que mon règne a commencé. »

On finit cependant par sentir l'incon-
venance de ce traitement, et mademoiselle d'Aubigné fut mise au couvent des
Ursulines de Niort, où, après une longue
résistance, elle finit par faire son abjuration. De ce moment madame de Villette refusa d'acquitter sa pension, les re-

ligieuses ne purent la garder gratuitement,
et madame de Neuillan ne voulant faire
aucun sacrifice, la jeune Françoise d'Aubigné revint auprès de sa mère, qui, forcée
de plaider contre la famille de son mari,
étoit réduite à chercher sa subsistance
dans le travail de ses mains. La douleur
d'avoir obtenu pour tout dédommage-
ment une pension de deux cents livres,
eut bientôt conduit au tombeau madame
d'Aubigné.

Restée seule, Françoise d'Aubigné,
tout entière à sa douleur, se renferma
pendant trois mois dans une petite chambre à Niort. Son abjuration ne lui permet-
toit pas de se rendre chez madame de
Villette, calviniste très zélée; elle fut
donc obligée de se réfugier auprès de madame de Neuillan, qui ne recueillit la
jeune orpheline que pour l'abreuver de
nouvelles amertumes.

Placée au couvent des Ursulines de la
rue St-Jacques, à Paris, mademoiselle
d'Aubigné y fit sa première communion.

Elle rencontra chez madame de Neuillan
le chevalier de Méré, homme d'un esprit

fin et délicat, mais plein de vanité et d'affectation, qui se chargea de lui *apprendre* le monde, et les belles manières qui distinguoient alors les *précieuses*[1]. Méré fit le premier connoître dans les cercles mademoiselle d'Aubigné, qu'il appeloit la *jeune indienne*.

Madame de Neuillan, lorsqu'elle venoit à Paris, conduisoit souvent sa pupille chez l'abbé Scarron, où se réunissoit ce que la ville et la cour offroient de plus spirituel. Scarron étoit difforme ; des infirmités prématurées l'avoient privé de l'usage de ses membres, mais son esprit n'avoit rien perdu de son enjouement ; le burlesque, qui est aujourd'hui le synonyme du ridicule, faisoit encore l'amusement de la bonne compagnie : ce poète étoit d'ailleurs d'une famille de robe, ancienne et

[1] Ce mot se prenoit encore en bonne part ; il signifioit les personnes qui avoient le bel usage du monde. Molière, en 1659, ne mit sur le théâtre que les *précieuses ridicules*, mais le public enveloppa toutes les *précieuses* dans une disgrâce commune.

considérée. Touché de la situation dans laquelle il voyoit mademoiselle d'Aubigné, il lui offrit de payer sa dot, si elle vouloit entrer en religion, ou de l'épouser. Elle préféra ce dernier parti, et ils furent unis vers l'année 1651 [1].

Si ce mariage ne lui donnoit pas un époux, au moins mademoiselle d'Aubigné y trouva-t-elle un protecteur et un ami. « Vous savez, écrivoit-elle à son frère, « que je n'ai jamais été mariée. » — « C'é- « toit, disoit-elle encore, une union où le « cœur entroit pour peu de chose, et le « corps en vérité pour rien. » Madame Scarron, d'abord timide, bientôt aimable et spirituelle, donna un nouvel agrément aux réunions qui avoient lieu chez son mari. En sa présence, les propos, sans rien perdre de leur gaîté, devinrent plus décents. Son maintien modeste et réservé imposoit aux plus hardis. « Elle

---

[1] Cette époque est incertaine. Le mariage fut célébré en 1650 ou en 1651. Segrais dit positivement que ce mariage eut lieu en 1650. (*Mémoires Anecdotes*, p. 150. Amsterdam, 1723.)

« passoit ses carêmes, dit madame de Cay-
« lus, à manger un hareng , au bout de la
« table, et se retiroit aussitôt dans sa
« chambre, parcequ'elle avoit compris
« qu'une conduite moins exacte et moins
« austère, à l'âge où elle étoit, feroit que
« la licence de cette jeunesse n'auroit plus
« de frein, et deviendroit préjudiciable à
« sa réputation ». — « Je n'étois pas alors
« assez heureuse pour agir uniquement
« pour Dieu, a dit depuis madame de
« Maintenon , mais je voulois être esti-
« mée ; l'envie de me faire un nom étoit
« ma passion. » Scarron apprécioit le mérite de sa femme ; il la consultoit sur ses
ouvrages , et à sa prière il consentit souvent à retrancher des passages qui auroient
blessé les mœurs. Scarron étoit fort libre
dans ses discours , mais Segrais nous as-
sure qu'au bout de trois mois de mariage,
sa femme « l'avoit déjà corrigé de bien des
« choses [1]. » Il ne fut pas non plus inutile
pour Françoise d'Aubigné de se trouver

---

[1] *Mémoires Anecdotes* de Segrais, p. 159.

ainsi placée au milieu des hommes les plus spirituels de son temps ; elle y devint une personne accomplie ; aussi Segrais disoit-il que madame de Maintenon étoit redevable à Scarron de son esprit et de son élévation [1].

Cependant les infirmités de Scarron devenoient chaque jour plus graves ; se voyant près de sa fin, il fit, en vers burlesques, son testament, dans lequel il lègue à sa femme le *pouvoir de se remarier* [2]; puis revenant a des sentiments plus sérieux, et réfléchissant sur la position où elle alloit se trouver, il lui dit avec attendrissement : «Je vous prie de vous souve- « nir quelquefois de moi; je vous laisse « sans biens : la vertu n'en donne pas, « cependant soyez toujours vertueuse. » Il mourut au mois de juin 1660 [3], ne

---

[1] *Mémoires Anecdotes*, p. 99.

[2] Testament de Scarron en vers burlesques, dans ses *œuvres*. Paris, Bastien, 1786, t. 1er, p. 135.

[3] Tous les biographes ont fixé la mort de Scarron au 14 octobre 1660, mais Segrais dit qu'il

laissant en effet à sa femme que des dettes et quelques amis.

Madame Scarron, alors âgée de vingt-cinq ans, étoit dans tout l'éclat de sa beauté; l'indigence où elle retomboit ranima les espérances de ceux qui faisoient profession de lui rendre des soins. Le surintendant Fouquet fit mettre sur sa toilette un écrin de grand prix, qui fut renvoyé avec indignation; Villarceaux, Barillon, Guilleragues, cherchèrent à lui plaire. On a dit que le premier y avoit réussi; mais, s'il existoit quelques doutes sur un point aussi délicat, ne devroient-ils pas disparoître devant l'amitié sans nuages qu'à toutes les époques madame de Villarceaux ne cessa de témoigner à madame de Maintenon [1] ?

mourut au mois de juin 1660, pendant une absence que fit Segrais pour le mariage du roi. Il rapporte une circonstance qui ne permet pas de douter de cette date. *Mémoires Anecdotes*, p. 149.

[1] Seroit-il vraisemblable, si des bruits injurieux avoient quelque fondement, qu'en faisant à la marquise de Villarceaux la relation de l'entrée

L'admiration qu'inspiroit la conduite de madame Scarron, parvint à la reine mère, qui, touchée du malheur et de la vertu d'une fille de condition réduite à une aussi grande pauvreté, continua en sa faveur la pension qu'elle faisoit au mari en qualité de *son malade*. Elle n'étoit que de 1500 livres ; la reine la porta à deux mille [1]. Madame Scarron écrivoit à cette occasion à la maréchale d'Albret : « J'ai « bien promis à Dieu de donner aux pau-« vres le quart de ma pension ; ces cinq « cents livres de plus que n'avoit M. Scar-

du roi, madame Scarron eût tant insisté sur la bonne grace du marquis ? « Je cherchois, dit-elle, « M. de Villarceaux , mais il avoit un cheval si « fougueux qu'il étoit à vingt pas de moi devant « que je le reconnusse. Il me parut fort bien ; il « étoit des moins magnifiques, mais des plus ga-« lamment vêtus : de plus , il avoit un beau che-« val qu'il manioit bien ; sa tête brune paroissoit « fort aussi, et on se récria sur lui quand il passa.» (*Lettre à madame de Villarceaux* , du 27 août 1660 , rétablie d'après les manuscrits de mademoiselle d'Aumale.)

[1] *Mémoires Anecdotes* de Segrais , p. 148.

« ron, leur sont dues en bonne morale. »

Retirée au couvent des Hospitalières de la place Royale, madame Scarron « gou- « verna si bien ses affaires, qu'étant tou- « jours honnêtement vêtue d'étamine du « Lude...... bien chaussée, de beaux ju- « pons, du beau linge uni, sa pension et « celle de sa femme de chambre payées, « et ne brûlant que de la bougie, elle avoit « encore de l'argent de reste [1]. » « Elle ne « comprenoit pas alors, a-t-elle dit depuis, « qu'on pût appeler cette vie une vallée de « larmes [2]. »

Madame Scarron alloit souvent à l'hôtel d'Albret [3]. Le maréchal de ce nom l'avoit liée avec sa femme : « preuve certaine, « dit madame de Caylus, de la vertu qu'il « avoit reconnue dans madame Scarron ;

---

[1] *Souvenirs de Caylus.*

[2] *Ibid.*

[3] Cet hôtel est situé rue des Francs-Bourgeois, au Marais, n° 7. Il a porté depuis l'année 1741 le nom d'hôtel du Tillet. (*Voyez les recherches de Jaillot sur la ville de Paris. Quartier Saint-Antoine*, p. 76.)

« car les maris de ce temps-là, quelque
« galants qu'ils fussent, n'aimoient pas
« que leurs femmes en vissent d'autres
« dont la réputation eût été entamée [1]. »
Cette maréchale, respectable par sa conduite et par son caractère, manquoit absolument d'esprit; mais madame Scarron
pensoit qu'à son âge, « il valoit mieux s'en-
« nuyer avec de telles femmes, que de se
« divertir avec d'autres [2]. » « Je me con-
« trariois dans tous mes goûts, disoit-elle
« plus tard, mais cela me coûtoit peu,
« quand j'envisageois ces louanges et cette
« réputation qui devoient être les fruits
« de ma contrainte : c'étoit là ma folie. Je
« ne me souciois point des richesses; j'étois
« élevée de cent piques au-dessus de l'in-
« térêt : je voulois de l'honneur [3]. »

Madame Scarron rencontroit chez la
maréchale d'Albret, mesdames de La
Fayette, de Coulanges et de Sévigné, de
Thianges et de Montespan, mademoiselle
de Pons, qui épousa depuis le marquis

[1] *Souvenirs de Caylus.*

[2] *Ibid.*

[3] IV* *Entretien.*

d'Heudicourt, la marquise de Sablé, et
le duc de La Rochefoucauld, auquel, en
1666, elle faisoit dire par Ninon, que
« le livre de Job, et ses *Maximes* [1], étoient
« devenus ses seules lectures. » Elle fré-
quentoit aussi l'hôtel de Richelieu, dont
l'abbé Testu étoit le Voiture; et, par les
grâces de son esprit, et la sûreté de son
jugement, elle ajoutoit encore à l'agrément
de ces cercles choisis. « Outre qu'elle est
« belle, et de cette beauté qui plaît toujours,
« écrivoit le chevalier de Méré, elle est
« reconnoissante, secrète, douce, fidèle à
« l'amitié, et ne fait usage de son esprit
« que pour amuser les autres. »

En se comptant pour rien, madame de
Maintenon s'attacha particulièrement les
personnes de son sexe : « Les femmes m'ai-
« moient, disoit-elle, parce que j'étois
« douce dans la société, et que je m'occu-
« pois beaucoup plus des autres que de
« moi-même [2]. » Aussi parvint-elle, étant
encore très jeune, à obtenir la considéra-

[1] La première édition des *Maximes* parut en
1665.

[2] IV⁰ *Entretien*.

B.

tion la plus flatteuse. Souvent ses amis la
tiroient à l'écart pour l'instruire de leurs
projets, l'entretenir de leurs craintes ou
de leurs espérances, ou pour lui demander
des conseils qui pussent les diriger dans
les occasions délicates. Madame de Chalais,
depuis princesse des Ursins, qui n'obtenoit
pas le même succès, en conçut de la jalousie.

Les amis de madame Scarron, regret-
tant de la voir dans une position aussi
précaire, cherchèrent à la marier avec
un homme de cour, riche, mais débau-
ché, dont le nom est resté inconnu : mais,
au risque de leur déplaire, elle refusa de
s'allier à un homme qu'elle ne pouvoit pas
estimer. La mort d'Anne d'Autriche vint,
au mois de janvier 1666, renouveler les
anxiétés de madame Scarron, sans exciter
en elle le regret d'avoir renoncé à cet établissement. « Je le jure en la présence de
« Dieu, écrivoit-elle à la duchesse de Ri-
« chelieu, quand même j'aurois prévu la
« mort de la reine, je n'aurois point ac-
« cepté ce parti : j'aurois mieux aimé ma
« liberté ; j'aurois respecté mon indigence.
« Mes amis sont bien cruels, madame, ils

« me blâment d'avoir rejeté les proposi-
« tions d'un homme riche et de condition,
« à la vérité, mais sans esprit et sans mœurs.
« J'ai dit à ce sujet à madame la maréchale
« d'Albret, tout ce que j'ai pu trouver de
« plus fort et de plus sensé;...... à la vé-
« rité, je n'aurois pas aujourd'hui à regret-
« ter la perte de la pension qui me faisoit
« subsister; mais Dieu y pourvoira; et j'au-
« rois à présent à regretter ma solitude,
« ma liberté, mon repos, biens que Dieu
« ne pourroit me rendre sans miracle. Si
« le refus étoit à faire, je le ferois encore,
« malgré la profonde misère dont il plaît
« au ciel de m'éprouver. Je me suis bien
« consultée; j'ai tout considéré, tout pesé,
« tout vu. Je ne suis pas coupable, ma-
« dame : je ne suis que malheureuse, et
« c'est bien assez [1]. » Ninon de Lenclos fut
la seule des amies de madame Scarron
qui ne la blamât point. « Que pensez-vous,
« lui écrivoit-elle, de la comparaison qu'on
« a osé me faire de cet homme à M. Scar-
« ron? O Dieu! quelle différence ! sans

[1] Lettre du 3 mars 1666.

« fortune, sans plaisirs, il attiroit chez moi
« la bonne compagnie ; celui-ci l'auroit
« haïe et éloignée. M. Scarron avoit cet
« enjouement que tout le monde sait, et
« cette bonté d'esprit que presque personne
« ne lui a connue; celui-ci ne l'a ni brillant,
« ni badin, ni solide; s'il parle, il est ridi-
« cule. Mon mari avoit le fonds excellent ;
« je l'avois corrigé de ses licences ; il n'é-
« toit ni fou ni vicieux par le cœur; d'une
« probité reconnue, d'un désintéressement
« sans exemple..... Assurez ceux qui attri-
« buent mon refus à un engagement, que
« mon cœur est parfaitement libre, veut
« toujours l'être, et le sera toujours [1]. » On
eut l'injustice de s'éloigner de madame Scarron; le maréchal d'Albret, Ninon, l'abbé
Testu, restèrent, pour ainsi dire, seuls
fidèles à l'amitié. Le dernier rédigea pour
elle des placets au roi, qui ne furent
pas lus. « Oh ! si j'étois dans la faveur,
« écrivoit madame Scarron à madame de
« Chantelou, que je traiterois différemment
« les malheureux ! qu'on doit peu compter

____
[1] Lettre du 8 mars 1666.

« sur les hommes ! quand je n'avois besoin
« de rien, j'aurois obtenu un évêché; quand
« j'ai besoin de tout, tout m'est refusé.
« Madame de Chalais m'a offert sa protec-
« tion, mais du bout des lèvres ; madame de
« Lyonne [1] m'a dit : *je verrai, je parlerai,*
« du ton dont on dit le contraire. Tout
« le monde m'a offert ses services, et per-
« sonne ne m'en a rendu. Le duc *(de Riche-*
« *lieu)* est sans crédit, le maréchal *(d'Al-*
« *bret)* occupé à demander pour lui-même ;
« enfin, madame, il est très sûr que ma
« pension ne sera point rétablie [2]. »

Ne conservant plus l'espoir d'obtenir
en France une existence convenable, madame Scarron écouta la proposition qu'on
lui fit de l'attacher à la princesse de Ne-
mours, qui alloit épouser Alphonse VI, roi
de Portugal. Après avoir beaucoup balan-
cé, elle finit par s'y déterminer; on le voit
par cette lettre écrite à mademoiselle d'Ar-
tigny : « Notre princesse est riche et bonne,

[1] Paule Payen , comtesse de Lyonne , femme
du secrétaire d'Etat chargé des affaires étrangères.

[2] Lettre du 26 avril 1666.

« elle a été élevée ici et elle aimera tout ce
« qui en est; je ne serai pas mal à la cour.....
« à Lisbonne il y a plus de société qu'on ne
« dit, et les chaleurs n'y sont pas excessi-
« ves; enfin on m'y promet toutes sortes
« d'agréments. Et que quitté-je ici ? des
« amis à qui je suis à charge, des gens qui
« ne savent pas servir l'infortune. Le ma-
« réchal d'Albret est le seul qui me reste,
« mais les choses sont bien changées : au-
« trefois mon ami, il est aujourd'hui mon
« protecteur. Il a bien voulu s'intéresser
« pour moi auprès de madame de Montes-
« pan; ménagez-moi, je vous prie, l'hon-
« neur de lui être présentée..... Que je
« n'aie point à me reprocher d'avoir quitté
« la France, sans en avoir revu la mer-
« veille [1]. » Madame Scarron fut présentée

[1] Lettre du 30 juin 1666. Quelques biographes, suivis par M. Auger, reprochent à madame
Scarron l'empressement qu'elle témoigna pour
voir une femme qui *vivoit dans un double adul-
tère.* Cette accusation est injuste : la beauté de
madame de Montespan la rendoit la *merveille* de
la cour; mais si le roi l'aimoit, c'étoit encore en
secret.

à madame de Montespan ; nous lui laisse-
rons raconter cet évènement, qui décida de
toute sa vie. « Ces jours passés, madame
« de Thianges me présenta à sa sœur, lui
« disant que je devois partir incessamment
« pour Lisbonne. — Pour Lisbonne, dit-
« elle, mais cela est bien loin ; il faut rester
« ici : Albret m'a parlé de vous, je connois
« tout votre mérite. — J'aimerois bien
« mieux, disois-je en moi-même, qu'elle
« connût ma misère ; je la lui peignis, mais
« sans me ravaler..... Je lui dis que ma pen-
« sion étoit supprimée ; que j'avois sollicité
« en vain M. Colbert ; que mes amis avoient
« inutilement présenté des placets au roi ;
« que j'étois obligée de chercher hors de
« ma patrie une subsistance honnête.....
« Enfin, madame de La Fayette auroit été
« contente du *vrai* de mes expressions et
« de la brièveté de mon récit. Madame de
« Montespan en parut touchée, et m'en
« demanda le détail dans un mémoire
« qu'elle se chargea de présenter au roi.....
« j'écrivis à la hâte mon placet, et j'en fus
« aussi contente que si notre abbé [1] y

---

[1] L'abbé Testu.

« avoit mis tout son esprit..... Le roi l'a,
« dit-on, reçu avec bonté; peut-être la main
« qui l'a offert l'aura rendu agréable. M. de
« Villeroi s'est joint à elle; c'est presque le
« seul homme de ma connoissance que je
« n'avois pas prié de me servir, et le seul
« qui m'ait servie. Enfin ma pension est
« rétablie sur le même pied que la feue
« reine me l'avoit accordée..... J'irai demain
« remercier madame de Montespan et
« M. d'Alincourt *(Villeroy)* [1]. » Présentée
par madame de Montespan, madame Scarron remercia le roi, qui, joignant la grâce
au bienfait, lui dit : « Madame, je vous ai
« fait attendre long-temps, mais vous avez
« tant d'amis, que j'ai voulu avoir seul ce
« mérite auprès de vous [2]. »

Le père Bourdaloue étant venu, en 1669,
prêcher à Paris pour la première fois, il
fit sur madame Scarron une si profonde
impression, qu'elle résolut de s'éloigner

[1] Lettre à madame de Chantelou, du 11 juillet
1666.

[2] Voltaire. *Siècle de Louis XIV*, ch. 27. Il tenoit ce mot du cardinal de Fleuri.

peu à peu du monde, et se mit sous la direction de l'abbé Gobelin. Cet ecclésiastique avoit pour maxime, que la dévotion doit exclure tous les plaisirs.

Voyant que sa pénitente étoit recherchée dans la société, il lui enjoignit de garder le silence. « Il m'a ordonné, écrivoit-« elle, de me rendre ennuyeuse en com-« pagnie, pour mortifier la passion qu'il a « aperçue en moi de plaire par mon es-« prit : j'obéis; mais, voyant que je bâille « et que je fais bâiller les autres, je suis « quelquefois prête à renoncer à la dévo-« tion [1]. » Heureusement pour ses amis, madame Scarron ne persista pas long-temps dans cette nouvelle espèce d'abnégation; l'abbé Gobelin ne lui défendit plus d'être aimable, et madame de Maintenon se permit même de se venger de lui par une innocente raillerie, qu'elle glissa dans une *Conversation* sur la *dévotion* qui fut récitée par les demoiselles de St-Cyr, devant l'abbé Gobelin [2]. Parvenue au faîte de la

[1] Lettre à l'abbé Testu, du 15 novembre 1669.

[2] Nous avons retrouvé cette pièce. Elle

considération et des grandeurs, elle se trouva si importunée du respect profond que sa nouvelle situation inspiroit à son directeur, qu'elle crut devoir faire un autre choix. « Je m'adressai, dit-elle, pendant « quelque temps au père Bourdaloue, mais « ce saint et savant prédicateur me déclara « qu'il ne pouvoit me voir que tous les six « mois, à cause de ses sermons... En me « privant du père Bourdaloue, je re- « doublai d'estime pour lui, car la di- « rection de ma conscience n'étoit point à « dédaigner [1]. » Madame de Maintenon donna sa confiance à Godet-Desmarais, qui devint ensuite évêque de Chartres.

Depuis environ deux ans, le roi aimoit en secret madame de Montespan : la duchesse de La Vallière, toujours maîtresse en titre, n'étoit plus l'objet unique de ses

fait partie des Conversations inédites que nous publions.

[1] VIIIe *Entretien*. M. le marquis de Château-Giron a publié une *Instruction générale, donnée le* 3o *octobre* 1688 *, par le père Bourdaloue à madame de Maintenon*. Paris 1819, in-18 de 36 pages. Ce précieux opuscule de l'un de nos plus

affections. La nouvelle favorite, houteuse
de ses premiers pas dans le vice, cherchoit
à voiler les marques d'une faveur dont elle
rougissoit encore : il lui falloit une personne, capable tout à la fois de garder un
grand secret et de diriger une éducation.
Elle se souvint de madame Scarron, dont
madame de Thianges se chargea de pres-
sentir les dispositions. Vivonne et madame
d'Heudicourt la pressèrent d'accepter; et
le 24 mars 1669, elle répondit à cette dernière : « Si les enfants sont au roi, je le
« veux bien; je ne me chargerois pas sans
« scrupule de ceux de madame de Montes-
« pan : ainsi il faut que le roi me l'or-
« donne; voilà mon dernier mot....; c'est
« une précaution que m'inspire la prudence.
« Il y a trois ans que je n'aurois pas eu
« cette délicatesse, mais depuis j'ai appris
« bien des choses qui me la prescrivent
« comme un devoir [1]. » Une prière de

grands prédicateurs, a été réimprimé, en 1820,
dans la *Bibliothèque des dames chrétiennes*, à la
suite du *Combat spirituel*.

[1] Aussi n'appeloit-elle plus madame de Montespan *la merveille de la France*.

Louis XIV leva tous les obstacles, et madame Scarron se chargea des enfants.

Le premier naquit en 1669 et ne vé-
cut que trois ans. Madame Scarron le
pleura; ce qui fit dire au roi : « Elle sait
« bien aimer; il y auroit du plaisir à être
« aimé d'elle. » Le duc du Maine, né en
1670, fut suivi du comte du Vexin, de
mademoiselle de Nantes et de mademoiselle de Tours. On donna à madame Scarron une maison auprès de Vaugirard,
des domestiques, des chevaux; et afin de
mieux détourner l'attention, elle fit élever chez elle la petite d'Heudicourt, depuis marquise de Montgon. Il n'appartient
qu'à madame Scarron de faire connoître
la vie mystérieuse qu'elle menoit : « Je
« montois à l'échelle pour faire l'ouvrage
« des tapissiers et des ouvriers, parce-
« qu'il ne falloit pas qu'ils entrassent; les
« nourrices ne mettoient la main à rien,
« de peur d'être fatiguées et que leur lait
« ne fût moins bon. J'allois souvent de
« l'une à l'autre, à pied, déguisée, por-
« tant sous mon bras du linge, de la
« viande; et je passois quelquefois les

« nuits chez l'un de ces enfants malade ,
« dans une petite maison hors de Paris.
« Je rentrois chez moi le matin par une
« porte de derrière; et, après m'être ha-
« billée, je montois en carrosse par celle
« de devant, pour aller à l'hôtel d'Albret
« ou de Richelieu, afin que ma société
« ordinaire ne sût pas seulement que j'a-
« vois un secret à garder. On le sut : de
« peur qu'on ne le pénétrât, je me faisois
« saigner pour m'empêcher de rougir [1].»
Mesdames de Coulanges et de Sévigné donnent aussi quelques détails sur
cette vie retirée. « Pour madame Scarron,
« écrivoit la première, c'est une chose
« étonnante que sa vie : aucun mortel,
« sans exception , n'a de commerce avec
« elle ; j'ai reçu une de ses lettres , mais
« je me garde bien de m'en vanter à
« cause des questions infinies que cela at-
« tire[2]. » « Nous trouvâmes plaisant, écri-
« voit madame de Sévigné, d'aller remener

[1] XIe *Entretien.*

[2] Lettre de madame de Coulanges, du 26 décembre 1672.

« madame Scarron, à minuit, au fin fond
« du faubourg St-Germain, fort au delà
« de madame de La Fayette, quasi auprès
« de Vaugirard, dans la campagne ; une
« belle et grande maison où l'on n'entre
« point ; il y a un grand jardin, de beaux
« et grands appartements ; elle a un car-
« rosse, des gens et des chevaux : elle
« est habillée modestement et magnifi-
« quement, comme une femme qui passe
« sa vie avec des personnes de qualité [1]. »

Madame Scarron conduisoit quelquefois les enfants à la cour. Elle raconte
qu'étant un jour restée dans l'anticham-
bre, elle fit entrer la nourrice chez madame de Montespan. Le roi demanda à la
villageoise à qui appartenoient ces enfants ? « Ils sont sûrement, répondit-elle,
« à la dame qui demeure avec nous ; j'en
« juge par les agitations où je la vois au
« moindre mal qu'ils ont. » — « Mais qui
« croyez-vous en être le père, reprit le
« roi ? Je n'en sais rien, repartit la nour-
« rice ; mais je m'imagine que c'est quel-

[1] Lettre du 4 décembre 1673.

« que duc, ou quelque président au par-
« lement. » — « La belle dame , dit
« madame Scarron, est enchantée de cette
« réponse, et le roi en a ri aux larmes[1]. »
Peu de mois après (mars 1673), le roi,
parcourant l'état des pensions, trouva deux
mille livres au nom de madame Scarron ; il écrivit deux mille écus[2]. Quand
les enfants furent plus grands, Madame
Scarron les suivit à la Cour.

Madame de Montespan l'avoit goûtée :
vive et pleine de ces saillies qui n'appartenoient qu'aux Mortemar, cette femme spirituelle avoit apprécié la raison toujours
sûre, l'esprit juste et orné , qui distinguoient principalement madame Scarron.
Toutes les deux trouvoient un plaisir égal
à s'entretenir. Le roi , qui savoit par madame de Montespan, que la gouvernante
de ses enfants brilloit dans les hôtels d'Albret et de Richelieu , où l'esprit n'étoit

[1] Lettre à madame d'Heudicourt, du 24 décembre 1672.

[2] Lettre de madame de Coulanges, du 20 mars
1673.

pas toujours exempt d'affectation, éprouva
d'abord quelque prévention à l'égard de
madame Scarron, qu'il considéroit comme
une *précieuse*. « Je déplaisois fort au roi
« dans les commencements, disoit-elle
« depuis ; il me regardoit comme un bel
« esprit, à qui il falloit des choses subli-
« mes, et qui étoit très-difficile à tous
« égards. Madame d'Heudicourt lui ayant
« dit sans malice, au retour d'une prome-
« nade, que madame de Montespan et
« moi avions parlé devant elle d'une ma-
« nière si relevée qu'elle nous avoit per-
« dues de vue ; cela lui déplut si fort qu'il
« ne put s'empêcher de le marquer, et je
« fus obligée d'être quelque temps sans
« paroître devant lui [1]. » Si le roi faisoit
mention d'elle à madame de Montespan,
il ne l'appeloit plus que *votre bel-esprit*.
Cependant il revint peu à peu de ce pré-
jugé défavorable ; et il comprit si bien,
dit madame de Caylus, que l'on pouvoit
aimer la conversation de madame Scarron, qu'en ayant conçu une sorte de jalou-

----

[1] XIe *Entretien.*

sie, il exigea de madame de Montespan la promesse de ne point causer avec elle, le soir, après qu'il se seroit retiré. Madame Scarron voyant qu'on ne lui répondoit plus que par des monosyllabes : « J'en- « tends, dit-elle en se retirant ; ceci est « un sacrifice ! » Charmée de sa pénétra- tion, madame de Montespan la retint, et leurs entretiens n'eurent plus de terme.

Madame Scarron, chargée plus particu- lièrement de l'éducation du duc du Maine que de celle des autres enfans, le con- duisit *incognito* à Anvers, au mois d'avril 1674. Une jambe du jeune prince avoit éprouvé un raccourcissement auquel on croyoit qu'un médecin hollandois pour- roit remédier. Il n'y parvint cependant pas ; et l'année suivante madame Scarron mena son élève aux eaux de Barèges, où il n'obtint que peu de soulagement. Cet enfant donnoit chaque jour des preuves plus surprenantes d'un esprit prématuré. Le roi l'ayant trouvé raisonnable : « Il « faut bien que je le sois, répondit le « jeune prince ; j'ai une dame auprès de « moi, qui est la *raison* même. — Allez

« lui dire, reprit le roi, que vous lui don-
« nerez ce soir cent mille francs pour vos
« dragées. [1] »

Au retour d'Anvers, madame de Montespan pria le roi d'admettre madame
Scarron dans son cercle particulier. Louis
XIV, par complaisance pour sa maîtresse,
ne s'y refusa pas. Humilié de ce que sa
première éducation avoit été négligée, il
craignoit de rencontrer dans les autres, et
surtout chez une femme, une supériorité
qui le blessoit.

Ici commencent les brouilleries qui firent long-temps le malheur de madame
Scarron. Madame de Montespan, impé-
rieuse et inégale, vouloit être obéie dans
tout ce qui touchoit à l'éducation de ses
enfants : madame Scarron, ne recon-
noissant que le roi pour maître, vouloit
être traitée comme une amie ; et elle demandoit avec instance qu'on lui permît
d'aller, loin de la cour, chercher le repos.
Chaque jour il falloit réconcilier deux
femmes qui ne pouvoient ni vivre ensem-

---

[1] Lettre 1re à madame de Saint-Géran.

ble ni se séparer. Fatigué de ces tracasse-
ries domestiques, Louis XIV finit par dire
à madame de Montespan : « Si elle vous
« déplaît, que ne la chassez-vous ? n'ê-
« tes-vous pas la maîtresse ? [1] » Ce mot
humiliant, que madame de Montespan se
garda bien de taire, jeta madame Scarron
dans le désespoir : elle déclara qu'elle alloit se retirer, puisque le roi la livroit aux
caprices de madame de Montespan. Celle-
ci craignit de la perdre ; et il fallut que le
roi se chargeât lui-même du soin d'apai-
ser madame Scarron : il n'y parvint qu'en
lui promettant qu'à l'avenir elle ne ren-
droit compte qu'à lui seul de l'éducation
des jeunes princes.

Conservant le désir de quitter la cour [2],
madame Scarron acheta, avec les bienfaits du monarque, au mois de décembre
1674, la terre de Maintenon, qui fut éri-
gée en marquisat, en 1688. Le roi, peu

[1] *Mémoires de La Fare.*

[2] Elle écrivoit à l'abbé Gobelin, le 6 août
1674 : « Je demeure ferme dans le dessein de les
« quitter à la fin de l'année. »

de jours après, l'appela madame *de Maintenon*, et depuis elle n'a plus porté d'autre
nom. « Il est vrai, écrit-elle à madame de
« Coulanges, que le roi m'a nommée ma-
« dame *de Maintenon*, que j'ai eù l'imbé-
« cillité d'en rougir, et tout aussi vrai
« que j'aurois de plus grandes complai-
« sances pour lui, que celle de porter le
« nom d'une terre qu'il m'a donnée [1]. »

Le roi et madame de Montespan, trou-
blés par les prédications de la semaine
sainte de l'année 1675 [2], résolurent de se
séparer ; et madame de Montespan quitta
la cour. Le roi fit appeler madame de
Maintenon, pour connoître jusqu'aux plus
légères circonstances de ce départ. Celle-

[1] Quand sa faveur fut plus déclarée, les courtisans l'appelèrent *madame de Maintenant*. (*V.*
la lettre de madame de Sévigné, du 18 septembre
1680.)

[2] Ce ne fut pas en 1676, comme Rulhière a
cherché à l'établir. (*V.* l'*Histoire de Bossuet*, par
M. le cardinal de Bausset, t. II, note de la
page 53, et la note de la lettre 360 de mon édition des *Lettres de madame de Sévigné*, in-8°, t.
II, p. 269.)

ci joignit ses efforts à ceux de Bossuet et de Montausier : elle exposa au roi, avec une fermeté respectueuse, combien de semblables attachements nuisoient à sa gloire. « Il vient un temps, lui disoit-elle, « où de longs regrets succèdent à de « courtes passions : jetez les yeux sur les « Carmélites, et voyez comme on s'en « punit. »

Louis XIV avoit déjà commencé à revenir des préventions qu'il avoit d'abord entretenues contre madame de Maintenon ; les lettres, tout-à-la-fois nobles, simples et spirituelles, que celle-ci lui avoit écrites à l'occasion du duc du Maine, avoient appris au roi que cette femme tant redoutée étoit l'ennemie de l'affectation : cette conversation acheva de l'en convaincre ; et la courageuse liberté de madame de Maintenon inspira au monarque un sentiment profond d'estime mêlée de respect. De ce moment, il rechercha les occasions de lui parler ; et il paroît que de son côté, madame de Maintenon crut avoir reçu d'en-haut la mission de travailler à la conversion du roi : « Quand je

« commençai, disoit-elle, à voir qu'il ne
« me seroit peut-être pas impossible d'ê-
« tre utile au salut du roi , je commençai
« aussi à être convaincue que Dieu ne
« m'avoit amenée à la cour que pour cela,
« et je bornai là toutes mes vues [1]. »

L'année suivante, madame de Montespan alla aux eaux de Bourbon, et madame
de Maintenon resta près du roi. Lais-
sons madame de Sévigné faire elle-même
le tableau de la nouvelle situation de
celle qu'elle désigne comme l'*amie de
l'amie*. « Parlons de l'*amie*, elle est en-
« core plus triomphante; tout est soumis
« à son empire; toutes les femmes-de-
« chambre de sa *voisine (madame de
« Montespan)* sont à elle; l'une lui tient
« le pot à pâte, à genoux devant elle;
« l'autre lui apporte ses gants; l'autre
« l'endort; elle ne salue personne [2]. »

Au retour de Bourbon, toutes les réso-
lutions s'évanouirent et madame de Montespan crut avoir repris son premier em-

[1] XIᶜ *Entretien.*

[2] Lettre à sa fille, du 6 mai 1676.

pire ; mais ni sa beauté, ni les agréments
de son esprit, ne faisoient oublier madame de Maintenon, avec laquelle le roi
continua d'avoir de fréquentes conversations : souvent il venoit chez la *maîtresse*
pour y causer avec l'*amie*, et il avoit de
la peine à dissimuler son regret, s'il ne
l'y rencontroit pas. L'empressement de
Louis XIV n'étoit plus le même ; les soins
qu'il donnoit encore étoient plutôt l'effet
de l'habitude que l'expression d'un sentiment qui, une fois éteint, ne sait plus renaître. Madame de Ludres et ensuite mademoiselle de Fontanges , avoient trouvé
le moyen de plaire : madame de Montespan ne cessoit de tourmenter le roi par
les accès d'une jalousie inquiète ; et souvent madame de Maintenon, appelée pour
rétablir le calme, devenoit bientôt elle-
même l'objet des hauteurs et des emport-
tements de la maîtresse irritée. Chaque
jour voyoit renaître des scènes nouvelles,
qui faisoient regretter à madame de Maintenon de n'avoir pas pris plus tôt le parti
de la retraite. « Je ne saurois comprendre,
« écrivoit-elle à l'abbé Gobelin, que la

« volonté de Dieu soit que je souffre de
« madame de Montespan. Elle est inca-
« pable d'amitié, et je ne puis m'en pas-
« ser; elle ne sauroit trouver en moi les
« oppositions qu'elle y trouve, sans me
« haïr; elle me redonne au roi comme il
« lui plaît, et m'en fait perdre l'estime :
« je suis avec lui sur le pied d'une *bi-
« zarre* qu'il faut ménager. Je n'ose lui
« parler seule, parce qu'elle ne me le
« pardonneroit pas ; et quand je lui parle-
« rois, ce que je dois à madame de Mon-
« tespan ne peut me permettre de parler
« contre elle : ainsi je ne puis apporter au-
« cun remède à ce que je souffre [1] »

Les emportements de madame de
Montespan prirent encore un caractère
plus grave. « Il se passe ici, dit ma-
« dame de Maintenon, des choses ter-
« ribles entre madame de Montespan et
« moi : le roi en fut hier témoin. » Cette
lettre paroît se rapporter à une scène dont
parle madame de Caylus. Elle dit que le
roi, ayant trouvé madame de Montes-

---

[1] Lettre à l'abbé Gobelin, de 1676.

pan et madame de Maintenon fort échauf-
fées, voulut connoître le sujet de leur dis-
cussion. « Si Votre Majesté veut passer
« dans cette autre chambre, dit froide-
« ment madame de Maintenon, j'aurai
« l'honneur de le lui apprendre. » Le roi
y alla, et elle lui peignit vivement l'injustice et la dureté de madame de Montespan envers elle; mais le roi, qui aimoit
encore son ancienne maîtresse, tâcha de
l'excuser, et calma cet orage. Il suffiroit
de ces querelles, sans cesse renouvelées,
pour justifier madame de Maintenon du
reproche que lui font ses ennemis d'avoir
engagé madame de Montespan à employer
le ressort d'une dévotion mêlée de galan-
terie, pour mieux s'assurer du cœur du
roi.

A l'époque du mariage de Mgr le dauphin (*janvier* 1680), le roi nomma
Mme de Maintenon seconde dame d'atours
de madame la Dauphine. De ce moment,
libre du joug de madame de Montespan,
madame de Maintenon eut à la cour une
existence indépendante, et son crédit continua de s'augmenter.« On me mande, écrit

« madame de Sévigné, que les conversa-
« tions de Sa Majesté avec madame de
« Maintenon ne font que croître et em-
« bellir ; qu'elles durent depuis six heures
« jusqu'à dix ; que la bru y va quelquefois
« faire une visite assez courte ; qu'on les
« trouve chacun dans une grande chaise,
« et qu'après la visite finie, on reprend le
« fil du discours. Mon amie *(madame de*
« *Coulanges)* me mande qu'on n'aborde
« plus la Dame sans crainte et sans res-
« pect, et que les ministres lui rendent la
« cour que les autres leur font [1]. » —
« Nul autre ami, écrit-elle encore, n'a
« tant de soins et d'attentions que le roi
« en a pour elle ; et, ce que j'ai dit bien
« des fois, elle lui fait connoître un *pays*
« *tout nouveau ;* je veux dire le commerce
« de l'amitié et de la conversation, sans
« chicane et sans contrainte [2]. »

Voyant que le cœur du roi lui échap-
poit, madame de Montespan engagea le

____

[1] Lettre à sa fille, du 21 juin 1680. *Voyez* aussi
les lettres des 5 et 9 juin de la même année.

[2] Lettre à la même, du 19 juillet 1680.

duc de Villars à demander la main! de
madame de Maintenon ; piquée du refus de celle-ci, elle se réunit, pour la
perdre, avec Louvois, Marsillac (depuis
duc de la Rochefoucauld) et la duchesse
de Richelieu. Ils l'accusèrent auprès de la
reine de chercher à devenir la maîtresse
du roi. « Il en auroit donc trois, dit un
« jour madame de Maintenon. — Oui,
« répondit madame de Montespan, moi,
« de nom, cette fille (*mademoiselle de Fon-*
« *tanges*) de fait, et vous de cœur [1]. »
Tous les efforts de cette cabale furent
inutiles. La reine estimoit madame de
Maintenon ; elle disoit hautement qu'elle
n'avoit jamais été si bien traitée que depuis que cette *amïe* du roi étoit en faveur. « La famille royale, écrivoit ma-
« dame de Maintenon, vit dans une union
« tout-à-fait édifiante ; le roi s'entretient
« des heures entières avec la reine ; le don
« qu'elle m'a fait de son portrait est tout
« ce qu'il y a eu de plus agréable pour moi

[1] Lettre à madame de Saint-Geran, du 14 juin
1677.

« depuis que je suis à la cour : c'est dans
« mon esprit une distinction infinie. Ma-
« dame de Montespan n'a jamais eu rien
« de semblable [1]. »

La reine mourut, le 30 juillet 1683,
dans les bras de madame de Maintenon.
Celle-ci se retiroit, lorsque le duc de la
Rochefoucauld, plus occupé de la douleur de son maître que de la haine qu'il
portoit à la dame d'atours, la poussa dans
l'appartement du roi, en disant : « Ce
« n'est pas le temps de le quitter, il a be-
« soin de vous. » Elle ne resta que peu
d'instants avec Louis XIV, et revint auprès de madame la dauphine, qu'elle suivit à Fontainebleau peu de jours après.

« Ce fut pendant ce voyage, dit ma-
« dame de Caylus, que la faveur de ma-
« dame de Maintenon parvint au plus
« haut degré : je vis tant d'agitation dans
« son esprit, continue-t-elle, que j'ai ju-
« gé depuis, qu'elle étoit causée par une
« incertitude violente de son état, de ses

[1] Lettre à madame de Saint-Geran, du 1er novembre 1682.

« pensées, de ses craintes et de ses espé-
« rances ; en un mot, son cœur n'étoit
« pas libre, et son esprit étoit fort agité...
« Le calme succéda à l'agitation, et ce fut
« à la fin du même voyage. »

Seroit-il permis de chercher, à l'aide
de ce peu de mots, à pénétrer dans les
sentiments secrets de madame de Maintenon? Son amour pour les grandes choses
avoit trouvé à se satisfaire jusque là dans
l'amitié du roi, la reconnoissance de la
reine, l'estime de la France. A la mort de
la princesse, l'ambition, que la Rochefoucauld qualifie *d'ardeur de l'ame* [1],
se réveilla dans madame de Maintenon :
il ne lui restoit plus qu'un pas à faire :
toutes ses pensées furent dirigées vers le
moyen de le franchir. Les illusions la sé-
duisirent; elle crut, parce qu'elle le dési-
roit, que Dieu lui avoit inspiré cette pensée pour maintenir le roi dans la piété.
Son imagination lui peignit les amis qu'elle
pourroit servir, les malheureux qu'elle
soulageroit; et elle ne vit plus qu'une œuvre

[1] *Maxime* 301 de l'édition de J.-J. Blaise,
1813, et 293 de l'édition de Lefèvre, 1822.

méritoire dans une action dont la vanité
étoit le principe. Dès-lors elle reçut avec
complaisance l'aveu de la tendresse du
roi; elle n'accorda rien à une amitié qui,
chaque jour, prenoit davantage la teinte
de la passion; mais elle laissa entendre
qu'elle ne refuseroit pas d'écouter des
propositions qui pourroient se concilier
avec la vertu. « A quarante-cinq ans, écri-
« voit-elle à madame de Frontenac, il
« n'est plus temps de plaire; mais la vertu
« est de tout âge... Il n'y a que Dieu qui
« sache la vérité... Il me donne les plus
« belles espérances... Je le renvoie toujours
« affligé et jamais désespéré... » Ce dernier mot peint madame de Maintenon; si
elle eût imposé silence à l'ambition, elle
se fût retirée de la cour, pour ne pas rester
plus long-temps exposée à la plus sédui-
sante des tentations. Le roi l'aimoit; il le
lui dit : ils se donnèrent de mutuelles espérances; et satisfaite de l'avenir qui s'ou-
vroit devant elle, madame de Maintenon
retrouva le calme.

La place de dame d'honneur de madame la Dauphine étant devenue vacante

en 1684, le roi voulut y nommer madame
de Maintenon; elle refusa cet honneur, et
elle pria même le roi de n'en point parler;
mais Louis XIV en instruisit la cour dès
le soir même. Ce refus fit beaucoup de
bruit; et comme le dit madame de Caylus : « On y vit plus de gloire que de mo-
« destie. »

Le roi avoit résolu de ne point se remarier; il ne vouloit ni garder le célibat,
ni vivre dans un état qui avoit long-temps
troublé sa conscience : une union légi-
time, mais secrète, avec madame de Maintenon, lui parut de nature à concilier
tant d'intérêts opposés. Il fit part de son
projet à Louvois, qui, se jetant à ses
pieds, le conjura d'y renoncer. Louis XIV,
mécontent, lui ordonna de se retirer : on
croit qu'il ne laissa pas ignorer cette circonstance à madame de Maintenon, qui
« non-seulement pardonna à ce ministre,
« dit Voltaire, mais apaisa le roi dans les
« mouvements de colère que l'humeur
« brusque de Louvois inspiroit quelque-
« fois à son maître ([1]). »

[1] *Siècle de Louis XIV*, ch. **XXV**.

On a dit que les époux avoient reçu la bénédiction nuptiale dans un des cabinets du roi, la nuit, des mains de M. de Harlay, archevêque de Paris, en présence du père La Chaise. Il paroît que les témoins furent Montchevreuil, le chevalier de Forbin et Bontemps. Louvois, dit-on, n'y fut pas appelé. L'époque de cette célébration est aussi incertaine que les circonstances qui l'ont accompagnée. St-Simon et madame de Caylus pensent qu'elle eut lieu dans l'hiver qui suivit immédiatement la mort de la reine. Il est plus probable que ce ne fut qu'en 1685 : Louis XIV n'eût pas offert à une femme qui lui auroit été unie, des fonctions qui l'auroient mise dans la dépendance de madame la Dauphine. Voltaire recule cette date jusqu'au mois de janvier 1686. Ce mariage restera toujours au nombre des faits dont on ne peut douter, quoiqu'il soit impossible d'en rapporter des preuves.

De ce moment, madame de Maintenon eut, dans le particulier, les prérogatives et les honorables distinctions qui ne pouvoient appartenir qu'à l'épouse du roi.

Elle occupoit, au haut du grand escalier de Versailles, un appartement de plain-pied avec celui du roi, et elle se plaçoit, à la chapelle, dans la tribune réservée à la reine. Le roi ne l'appeloit que *Madame;* et par le respect qu'il lui témoignoit, il donnoit l'exemple à toute la cour. Il passoit chez elle une partie de la journée; et elle y conservoit un fauteuil en sa présence : à peine se levoit-elle un instant quand Mgr le Dauphin, ou Monsieur, frère du roi, venoient lui rendre visite. Mais, en public, madame de Maintenon ne prenoit aucun rang; elle n'étoit plus qu'une personne de la cour. « Je l'ai « vue à Fontainebleau, dit Saint-Simon, « en grand habit chez la reine d'Angle- « terre, cédant absolument sa place, et se « reculant partout pour les femmes titrées, « pour les femmes même d'une qualité « distinguée... polie, affable, parlant « comme une personne qui ne prétend « rien, qui ne montre rien, mais qui en « imposoit fort [1]. »

[1] *Mémoires de Saint-Simon*, t. II, p. 70, éd. de Strasbourg, 1791.

Madame de Maintenon garda soigneusement le silence sur son état, dont elle ne parut trahir le secret que dans une seule occasion : s'étant présentée à la grille des Grandes Carmélites qu'il n'appartenoit qu'à nos reines de franchir, la supérieure lui dit : « Madame, vous savez « nos usages ; c'est à vous à décider. » — « Ouvrez toujours, ma mère, répon- « dit madame de Maintenon, ouvrez tou- « jours. » Ce n'étoit cependant pas comme reine qu'elle agissoit ainsi, car un bref donné par le pape Innocent XII, le 28 octobre 1692, l'autorisoit à entrer dans tous les monastères de France. Quant au roi, maître de son secret, il le laissa quelquefois échapper : Monsieur, étant entré chez lui, le trouva sur son lit, vêtu avec beaucoup de négligence, quoique madame de Maintenon fût présente. « Mon frère, dit- « il, à la manière dont vous me voyez « devant madame, vous pouvez bien pen- « ser ce qu'elle m'est. » Mignard avoit peint madame de Maintenon en sainte Françoise romaine [1] : il chargea madame

[1] *Voyez* la lettre de madame de Coulanges à

de Feuquières, sa fille, de demander au roi s'il pouvoit mettre au portrait un manteau doublé d'hermine, ce qui étoit la marque d'une haute dignité. « Oui, « répondit le roi ; sainte Françoise le mé-« rite bien. »

Par un retour naturel sur elle-même, les premières pensées de madame de Maintenon se portèrent sur les demoiselles nobles, peu avantagées de la fortune. Elle en avoit recueilli, en 1679, un certain nombre, à Ruel, dans un asile modeste. Le roi lui donna, en 1683, la maison de Noisy, dans le parc de Versailles ; et en 1685, voulant participer à cette belle œuvre, il fit élever, à Saint-Cyr, la maison de Saint-Louis, la dota de revenus considérables, et la fonda pour y élever deux cent cinquante filles nobles et pauvres. Ce bel établissement a subsisté jusqu'à la révolution. Madame de Maintenon reçut le brevet de fondatrice, et elle fut déclarée par le roi et par l'évêque de Chartres supérieure perpétuelle de cette communauté,

madame de Sévigné, du 29 octobre 1694.

pour le temporel comme pour le spirituel ;
seulement elle obtint du roi de n'être pas
nommée dans la médaille qui fut frappée
pour consacrer le souvenir de cette fon-
dation [1]. Elle rédigea elle-même le régle-
ment des dames de Saint-Louis, qui a
paru sous le nom et avec l'autorité de
l'évêque de Chartres. Elle se réserva un
appartement dans la maison de Saint-
Cyr, où elle venoit souvent se reposer des
fatigues de la cour. Sa plus douce occu-
pation étoit de surveiller l'éducation des
demoiselles ; elle s'en occupoit quelquefois
elle-même, et elle ne craignoit pas de
descendre dans les plus petits détails.
« Rien ne m'est plus cher que mes enfants
« de Saint-Cyr, disoit-elle ; j'en aime tout,
« jusqu'à leur poussière. Je m'offre avec
« tous mes gens pour les servir ; et je
« n'aurois nulle peine à être leur servante,
« pourvu que mes soins leur apprennent
« à s'en passer [2]. » Racine, à sa prière,

[1] X.e *Entretien.*

[2] Lettres des 22 juillet et 25 octobre 1686.

composa pour la maison de Saint-Cyr ses belles tragédies d'Esther et d'Athalie.

Devenue l'épouse de Louis XIV, madame de Maintenon ne resta pas étrangère aux secrets de l'Etat. Le roi travailloit chez elle avec ses ministres ; les plus grandes affaires étoient discutées et se décidoient en sa présence ; souvent même le roi lui demandoit son avis, en ces termes : « Qu'en pense votre *Solidité?* » ou s'il n'étoit pas d'accord avec son ministre , il disoit en se retournant vers madame de Maintenon : « Consultons la *Raison.* » Elle eut ainsi sur les affaires publiques une influence qui n'a pas toujours été heureuse ; elle se livra trop facilement au penchant de la reconnoissance ou de l'amitié, et à sa recommandation des emplois importants furent peut-être confiés à des hommes plus estimables qu'habiles; elle ne sut pas toujours se tenir à l'abri des préventions : des malheurs en furent la suite. Chamillard porté de l'administration de Saint-Cyr au double ministère des finances et de la guerre, Villeroi remplaçant Catinat disgracié , peuvent en être

des exemples : mais si elle fut trompée,
si Louis XIV crut que d'un homme ordinaire il feroit un ministre habile ; que de
son cabinet de Versailles il pourroit diriger les opérations de ses généraux, il y
auroit de l'injustice à imputer à madame
de Maintenon les résultats d'un faux sys-
tème, et à lui reprocher des calamités
publiques comme des fautes personnelles.
Qui pourroit d'ailleurs assurer qu'elle
n'ait pas souvent donné de bons conseils
qui ne furent point suivis ? La tendresse
presque maternelle que madame de Maintenon portoit au duc du Maine l'entraîna
trop loin ; elle l'aveugla sur les véritables
intérêts de l'Etat ; la cause des princes lé-
gitimés lui parut être celle de la France,
et elle engagea Louis XIV à faire un testament qui ne devoit pas lui survivre.

Les protestants ont accusé madame de
Maintenon d'avoir contribué à la révocation de l'édit de Nantes : l'Europe a re-
tenti de leurs plaintes ; et la mémoire de
cette femme illustre est encore aujour-
d'hui l'objet des malédictions des descen-
dants des religionnaires réfugiés. Elle

désira sans doute, comme la plupart de ses contemporains, de voir tous les Français réunis dans l'exercice de la même religion, à l'ombre du même sceptre. Ainsi que Louis XIV, elle crut trop légèrement aux nombreuses conversions que les gouverneurs de provinces ne cessoient d'annoucer : mais il fut toujours loin de sa pensée qu'il pût être permis d'employer la violence pour arracher des abjurations; et elle a été la première à blâmer ces *dragonades* qui accuseront éternellement la mémoire de Louvois. On la voit dans ses lettres arrêter le zèle incousidéré de son frère. « Vous maltraitez les huguenots, lui écrit-« elle; ayez pitié de gens plus malheureux « que coupables : ils sont dans les erreurs « où nous avons été nous-mêmes, et d'où « la violence ne nous auroit jamais tirés... « Il faut attirer les hommes par la dou-« ceur et par la charité. » Elle écrit à madame de Saint-Geran, le 13 août 1684 : « Il ne faut point précipiter les choses; il « faut convertir, et non pas persécuter. » Elle prit même la défense des huguenots; mais le roi lui ayant dit qu'il sembloit

qu'un reste d'attachement pour son ancienne religion la faisoit agir, elle dut
renoncer à des efforts inutiles. « Ru-
« vigny [1] est intraitable, écrivoit-elle à
« madame de Frontenac; il a dit au roi que
« j'étois née calviniste, et que je l'avois été
« jusqu'à mon entrée à la cour. Ceci m'en-
« gage à approuver des choses fort oppo-
« sées à mes sentiments. »

Rulhières a porté la prévention jusqu'à
accuser madame de Maintenon d'avoir
excité le roi à persécuter les huguenots,
afin que M. d'Aubigné, son frère [2], pût

---

[1] Henri, marquis de Ruvigny, depuis comte
de Galloway, avoit été député à la cour par les
protestants du royaume.

[2] Charles d'Aubigné, frère de madame de
Maintenon, naquit en 1634; il n'eut avec sa
sœur d'autre rapport que celui d'une même ori-
gine. Aimant le plaisir et la dissipation, il dépen-
soit follement les bienfaits que sa sœur obtenoit
pour lui de la bonté du roi; une cupidité insa-
tiable lui faisoit sans cesse former des désirs qui
ne pouvoient être satisfaits. « Il y a dix ans, lui
« écrivoit-elle, que nous étions bien éloignés l'un
« et l'autre du point où nous sommes aujourd'hui.

acheter des terres à meilleur marché. Pour étayer cette calomnie, il réunit des lettres qui n'ont entre elles aucune

« Nos espérances étoient si peu de chose, que « nous bornions tous nos vœux à trois mille livres « de rente. Nous en avons à présent quatre fois « plus, et nos souhaits ne seroient pas encore « remplis !... Nous avons le nécessaire et le com- « mode; tout le reste n'est que cupidité. » « Que « mon état présent, lui écrit-elle ailleurs, ne « trouble point la félicité du vôtre. C'est une aven- « ture personnelle... qui ne se communique point. » D'Aubigné fut successivement gouverneur de Bet- fort, de Cognac, du Berri et d'Aigues-Mortes. Madame de Maintenon lui obtint le cordon de l'ordre du Saint-Esprit, à la promotion de 1688. Toutes ces grâces ne lui suffisoient point, il au- roit voulu être maréchal de France ; madame de Maintenon lui écrivoit à ce sujet, le 27 septembre 1685 : « Je ne pourrois vous faire connétable , « quand je le voudrois ; et quand je le pourrois, je « ne le voudrois pas. Je suis incapable de rien « demander de déraisonnable à celui à qui je « dois tout. » M. d'Aubigné épousa , en 1678 , Geneviève Pietre , fille du procureur du roi de la ville de Paris. Il eut de ce mariage une fille ,

relation. Après avoir écrit, en 1676, à l'abbé Gobelin que, résolue à quitter la cour, elle tâchoit d'obtenir encore quelque bienfait du roi, madame de Maintenon ajoute en plaisantant : « Je deviens « la plus intéressée créature du monde, « et je ne songe plus qu'à augmenter mon « bien. » Cinq ans après (le 22 octobre 1681) elle écrit à son frère, à qui elle venoit de faire obtenir une somme im-

que madame de Maintenon éleva comme la sienne. Elle la maria, en 1698 , au comte d'Ayen , depuis maréchal de Noailles. Ce fut à cette occasion qu'elle donna à sa nièce sa terre de Maintenon , qui appartient encore aujourd'hui à la maison de Noailles. Spirituel , mais inconséquent, le comte d'Aubigné faisoit continuellement souffrir sa sœur par les plus ridicules incartades. Saint-Simon prétend même qu'il traitoit le roi de *beau-frère*. Madame de Maintenon finit cependant par obtenir de lui qu'il se retireroit dans la communauté de Saint-Sulpice , où l'on travailla sans fruit à lui donner une dévotion à laquelle il n'étoit pas appelé. On voit , dans le journal manuscrit de Dangeau , que d'Aubigné mourut à Vichi, le 22 mai 1703.

portante sur la ferme générale : « Cent
« huit mille livres que vous toucherez me
« consolent : vous ne sauriez mieux faire
« que d'acheter une terre en Poitou ; elles
« vont s'y donner par la fuite des hugue-
« nots. » Et d'après ces deux passages,
dont le second a été écrit quatre ans avant
la révocation de l'édit de Nantes, Rulhières peint madame de Maintenon comme
une femme qui, non contente de vendre
son crédit, cherche, pour réussir dans
une spéculation atroce, à sacrifier un mil-
lion de Français. Ce brillant écrivain a
plus d'une fois altéré les dates, et fait des
rapprochements forcés, dans l'intérêt des
systèmes qui l'avoient séduit.

Madame de Maintenon accueillit d'a-
bord madame Guyon à Saint-Cyr ; mais
cette dame y ayant répandu ses opinions
sur le quiétisme, la fondatrice rompit
avec elle tout commerce On a aussi repro-
ché à madame de Maintenon d'avoir trop
facilement abandonné Fénelon et Racine.
A l'égard du premier, si la soumission
qu'elle devoit comme épouse, l'obligea
de ne plus voir un prélat qui avoit déplu

au roi, elle n'en prit pas moins une part très vive à son malheur. « Vous savez, « dit-elle, les peines que j'ai eues sur « M. de Cambrai; j'en eus un si grand cha- « grin, que le roi, quoiqu'il m'en eût su « d'abord mauvais gré, ne put s'empê- « cher de me dire, en voyant mon afflic- « tion : — Eh bien, madame, il faudra « donc que nous vous voyions mourir « pour cette affaire-là [1] ! »

Saint-Simon fait un crime à madame de Maintenon d'avoir cherché à se faire déclarer reine. Ce désir auroit pu être dicté par la vanité; mais il pouvoit aussi provenir de la crainte d'être mise au rang des concubines : au reste, rien n'est moins prouvé que cette assertion. Nous ferons, à cet égard, connoître un document qui n'est pas sans quelque prix. C'est une réponse d'une dame de Saint-Cyr à La Beaumelle, qui l'avoit priée de consulter sur ce point les traditions conservées dans la maison de Saint-Louis. La voici d'après le manuscrit original que

[1] VIIe *Entretien.*

nous possédons : « Il n'a jamais paru que
« madame de Maintenon ait eu le moindre
« désir d'être déclarée reine ; l'attirail de
« la majesté lui auroit déplu ; la jalousie
« et la haine des princes auroient été pour
« elle un plus grand tourment : elle aura
« pu avoir quelques scrupules ; mais elle
« aura été tranquille aussitôt que ses direc-
« teurs les auront dissipés... Se promenant
« un jour avec la mère de Glapion dans un
« endroit raboteux du jardin : — Vous
« n'êtes point délicate, lui dit cette mère ;
« vous vous fatiguez volontiers, vous n'ê-
« tes point comme les grands. — C'est
« que je ne suis pas *grande*, reprit ma-
« dame de Maintenon ; je suis seulement
« *élevée* [1]. » Il est difficile de penser que
celle qui a mis tant de soins à détruire
les preuves de son mariage ; qui, en 1713,
a brûlé, dans cette seule vue, les lettres
que l'abbé Gobelin lui avoit écrites à

[1] On trouve aussi cette réponse dans le III
Entretien.

cette occasion [1], ait été capable des basses intrigues que lui prête Saint-Simon.

Arrivée au sommet des grandeurs, elle dut éprouver quelques jouissances ; sa vanité dut enfin se trouver satisfaite : mais l'ennui et l'assujétissement lui firent bientôt regretter le calme et la liberté de la vie privée. « Je n'en puis plus ; je « voudrois être morte, » disoit-elle à son frère, qui lui répondoit par ce mot si connu : « Vous avez donc parole d'épouser « Dieu le père ? » Elle peint bien l'état de son ame dans une lettre, adressée à madame de la Maisonfort, qui suffiroit seule, dit Voltaire, pour désabuser les ambitieux : « Que ne puis-je vous faire « voir l'ennui qui dévore les grands !... Ne « voyez-vous pas que je meurs de tris- « tesse dans une fortune qu'on auroit eu « peine à imaginer, et qu'il n'y a que le « secours de Dieu qui m'empêche d'y suc-

---

[1] On trouve cette date dans une note que madame de Glapion avoit écrite à la tête du manuscrit de l'*Instruction* de Bourdaloue. Voyez cet opuscule déjà cité, page xxviii de cette notice.

« comber? J'ai été jeune et jolie; j'ai goûté
« des plaisirs; j'ai été aimée partout dans
« un âge un peu plus avancé; j'ai passé
« des années dans le commerce de l'esprit;
« je suis venue à la faveur, et je vous
« proteste que tous les états laissent un
« vide affreux, une inquiétude, une lassi-
« tude, une envie de connoître autre chose,
« parce qu'en tout cela rien ne satisfait
« entièrement. » — « Je vous envie votre
« solitude, votre tranquillité, écrit-elle à
« madame de Saint-Geran; et je ne suis
« plus surprise que la reine Christine soit
« descendue du trône pour vivre avec
« plus de liberté. »

Le roi vieillissoit; tous les plaisirs
étoient usés pour lui; et souvent madame
de Maintenon ne savoit comment le dis-
traire des chagrins qui l'accablèrent sur la
fin de son règne. « Quel supplice, disoit-
« elle quelquefois, d'avoir à amuser un
« homme qui n'est plus *amusable* ! » Re-
gardant à Marly des carpes qui étoient
languissantes, elle dit à madame de Caylus : « Elles sont comme moi, elles regret-
« tent leur bourbe. »

Au mois d'août 1715 , Louis XIV, qui s'affoiblissoit depuis quelque temps , tomba gravement malade , et les symptômes alarmants qui se manifestèrent le jour de la Saint-Louis , ne laissèrent plus aucune espérance. Le roi fit disposer une chambre auprès de la sienne pour madame de Maintenon, qui ne quitta pour ainsi dire plus le chevet de son lit. Mademoiselle d'Aumale, l'élève et l'amie de madame de Maintenon, l'assistoit dans ce devoir pieux, et elle nous a laissé dans ses *Mémoires*, encore manuscrits , le récit touchant des derniers moments du grand roi. Nous citerons ce fragment : « Je fus « témoin de presque tout ce qu'il lui dit ; « madame de Maintenon recueillit pré-- « cieusement toutes ses paroles, et on les « a trouvées écrites de sa main dans son « testament, comme les voici :

« Il me dit trois fois adieu; la première, « en me disant qu'il n'avoit de regret que « celui de me quitter , mais que nous nous « reverrions bientôt[1]. Je le priai de ne plus

[1] Boulduc , premier apothicaire du roi , ré-

« penser qu'à Dieu. La seconde, il me de-
« manda pardon de n'avoir pas assez bien
« vécu avec moi, qu'il ne m'avoit pas ren-
« due heureuse, mais qu'il m'avoit toujours
« aimée et estimée également. Il pleu-
« roit, et me demanda s'il n'y avoit per-
« sonne : je lui dis que non. Il dit : quand
« on entendroit que je m'attendris avec
« vous, personne n'en seroit surpris. Je
« m'en allai pour ne lui pas faire de mal.
« A la troisième, il me dit : qu'allez-vous
« devenir ? car vous n'avez rien. Je lui
« répondis : je suis un rien, ne vous occu-
« pez que de Dieu, et je le quittai : quand
« j'eus fait deux pas, je pensai que dans
« l'incertitude du traitement que me fe-
« roient les princes, je devrois demander
« qu'il demandât à M. le duc d'Orléans

pandit contre madame de Maintenon, une calomnie atroce, dont on ne parleroit pas ici, si
Saint-Simon ne l'avoit pas répétée. Il prétendit
qu'après ces dernières paroles du roi, madame
de Maintenon se retourna du côté des courtisans,
et dit : « Voyez le beau rendez-vous qu'il me
« donne : cet homme-là n'a jamais aimé que lui-
« même. » Ce fait n'est ni prouvé ni vraisemblable.

E.

« d'avoir de la considération pour moi ;
« il le fit et de la manière dont ce prince le
« publia sur le champ [1]..... Le dernier jour
« que je le vis, il me dit, me voyant tou-
« jours auprès de lui : j'admire votre cou-
« rage et votre amitié d'être toujours là,
« et à un si triste spectacle [2]. »

Le vendredi 3o août, le roi perdit entièrement connoissance, et madame de
Maintenon partit pour Saint-Cyr avec
mademoiselle d'Aumale. « Avant de par-
« tir, dit cette dernière dans ses Mémoi-

[1] Le roi avoit dit au duc d'Orléans : «Mon ne-
« veu , je vous recommande madame de Mainte-
« non ; vous savez la considération et l'estime que
« j'ai eues pour elle ; elle ne m'a donné que de
« bons conseils ; j'aurois bien fait de les suivre ;
« elle m'a été utile en tout, mais surtout pour
« mon salut ; faites tout ce qu'elle vous deman-
« dera pour elle , pour ses parents et pour ses
« amis, pour ses alliés ; elle n'en abusera pas ;
« qu'elle s'adresse directement à vous pour tout
« ce qu'elle voudra. » (*Mémoires manuscrits de
mademoiselle d'Aumale.*)

[2] *Mémoires manuscrits de mademoiselle d'Aumale.*

« res , elle voulut que son confesseur , M.
« Briderey , supérieur des missionnaires
« qui étoient à Saint-Cyr, vît le roi et
« l'assurât qu'elle n'avoit plus rien à faire
« auprès de lui. Elle me dit de le mener
« dans la ruelle du roi : il le vit et vint
« dire à madame de Maintenon : — Vous
« pouvez partir, vous ne lui êtes plus
« nécessaire. — Elle partit de Versailles
« avant la mort du roi, ajoute mademoi-
« selle d'Aumale , parcequ'elle appréhen-
« doit extrêmement de n'être pas maî-
« tresse d'elle dans ce triste moment,
« quelque soumise qu'elle fût à la volonté
« de Dieu. Elle eut encore une autre
« appréhension , c'étoit d'être insultée en
« chemin, car, ayant une grande expé-
« rience et une très-mauvaise opinion
« d'elle, elle pensa qu'on pourroit la trai-
« ter comme on a souvent fait d'autres
« personnes en faveur, après qu'elles ont
« tout perdu [1]. »

Cette crainte détermina madame de

____

[1] « *Mémoires manuscrits de mademoiselle d'Aumale*. Il n'y avoit pas de sûreté pour elle à Pa-

Maintenon à emprunter le carrosse du maréchal de Villeroi, dont les gens l'escortèrent. Ce duc avoit aussi fait placer des gardes de distance en distance sur le chemin de Saint-Cyr : « mais, dit mademoi-
« selle d'Aumale, elle n'avoit pas besoin
« de cela, ce fut pour la contenter qu'on
« le fit. »

Le maréchal envoyoit des courriers à tous moments à Saint-Cyr. Enfin le roi étant mort le 1er septembre 1715, à 8 heures du matin, mademoiselle d'Aumale entra chez madame de Maintenon et lui dit : « Madame, toute la maison est à
« l'église en prière. » Madame de Maintenon s'y rendit aussitôt, et elle assista à l'office des morts.

Nous sommes entrés dans ces détails pour justifier madame de Maintenon du reproche qu'on lui adresse souvent d'avoir quitté le roi avant qu'il eût rendu le dernier soupir. On a prétendu que

ris, dit madame de Bavière... « Vers les der-
« niers temps, elle n'osoit plus y aller dans son
« équipage. »

Louis XIV, ayant recouvré un instant
sa connoissance, demanda madame de
Maintenon, qui n'étoit plus auprès de lui ;
mais ce fait n'est rien moins qu'établi. S'il
étoit vrai, il en seroit fait mention dans
le journal de la maladie de Louis XIV,
où l'on rend compte des plus petits événements, et où l'on n'auroit pas manqué
d'en faire la remarque, puisqu'il a été
écrit à une époque où le régent avoit
toute l'autorité [1].

Peu de jours après la mort du roi, le
duc d'Orléans, régent du royaume, vint
rendre visite à madame de Maintenon, et
il eut avec elle une conversation dont elle
a mis par écrit les traits principaux [2].
Le régent lui continua la pension de
48,000 liv. que le feu roi lui faisoit sur sa

[1] *Journal historique de tout ce qui s'est passé
depuis les premiers jours de la maladie de Louis
XIV*, etc. Paris, 1715.

[2] La Beaumelle a donné cette conversation
d'une manière assez exacte, dans les mémoires de
madame de Maintenon, Amsterdam, 1756, t. V,
p. 237.

cassette; et il fit insérer dans le brevet, que son rare désintéressement la lui avoit rendue nécessaire. Madame, mère du régent, lui fit aussi une visite, circonstance qui suffiroit seule pour prouver le mariage. La reine d'Angleterre vint aussi chez elle dans le plus grand deuil.

Retirée à Saint-Cyr, madame de Maintenon fit vendre ses chevaux; elle renvoya ses domestiques et ne garda que deux femmes pour la servir. Elle suivit tous les exercices religieux, se contenta de l'ordinaire de la maison, et se soumit, comme une simple dame, à l'autorité de la supérieure. Sa pension devint le patrimoine des pauvres.

Pierre-le-Grand étant venu à Paris en 1717, voulut voir madame de Maintenou. Elle étoit sur son lit : le czar ouvrit les rideaux, pour la mieux considérer, et il lui fit adresser la parole par son interprète.

Mme de Maintenon tomba malade le 13 mars 1719; son état ne parut pas d'abord alarmant, mais des symptômes de malignité se déclarèrent, et la fondatrice de

Saint-Cyr succomba, le 15 avril suivant, à cinq heures du soir. Son testament fut ouvert le même jour, et le duc de Noailles, son neveu et son héritier, donna les ordres pour ses obsèques. Le corps demeura exposé pendant deux jours, et l'enterrement eut lieu le 17 avril. Godet des Marais, évêque de Chartres, y officia; les dames de Saint-Louis portoient les coins du drap funèbre, et un grand nombre de demoiselles avec des cierges entouroient le corps, et lui formoient comme une chapelle ardente. Les vêpres furent chantées par des prêtres et des clercs qu'on avoit appelés du dehors; « car, dit mademoiselle d'Aumale, les dames et les demoiselles étoient hors d'état de chanter, « par les larmes et les sanglots qu'elles « jetoient [1]. »

On fit le lendemain un service auquel la simplicité présida. Le duc de Noailles l'avoit ainsi ordonné pour se conformer davantage aux intentions de ma-

[1] *Mémoires manuscrits de mademoiselle d'Aumale.*

dame de Maintenon, et parce que, disoit-il, on ne pouvoit lui rendre dans la maison tous les honneurs qui lui étoient dus. Le duc fit composer par l'abbé de Vertot l'épitaphe gravée sur sa tombe, et il s'éleva à ce sujet un débat de délicatesse entre M. de Noailles et les dames de Saint Cyr. Le duc vouloit acquitter cette dépense comme étant le neveu de madame de Maintenon, et les dames de Saint-Louis répondirent, qu'ayant l'honneur d'être ses filles, « c'étoit à elles à entrer « dans ce triste et dernier devoir [1]. »

On ne prononça aucun éloge funèbre sur la tombe de madame de Maintenon; ce ne fut qu'en 1786, à l'occasion de la fête séculaire de la maison de Saint-Cyr, que des hommages publics furent rendus à sa mémoire [2]. Le tombeau de

---

[1] *Mémoires manuscrits de M*elle *d'Aumale.*

[2] *Eloge de madame de Maintenon : discours prononcé à Saint-Cyr, le second jour de la fête séculaire, en 1786 : par M. François, prêtre de la mission.* Paris, chez la veuve Hérissant, 1787 ; in-8° de 78 pag.

madame de Maintenon , détruit pendant la révolution , a été rétabli en 1802, par les soins des chefs du prytanée de Saint-Cyr.

Les circonstances qui ont environné la jeunesse de madame de Maintenon exercèrent une grande influence sur le reste de sa vie. Douée d'une ame forte, grande et élevée, elle ne reçoit d'une naissance illustre que l'avantage d'un beau nom, auquel se rattachent d'anciens souvenirs : dès ses premiers pas dans le monde, elle éprouve le besoin de relever ce nom abandonné de la fortune. De là cet amour-propre d'autant plus irritable , qu'il avoit plus souffert ; cette inébranlable volonté de sacrifier les distractions et les amusements au plaisir de s'entendre louer ; ce soin , porté jusqu'à l'affectation, de respecter les bienséances, d'en créer même pour elle seule. « Il n'est rien, disoit-elle, que « je n'eusse été capable de tenter et de « souffrir pour acquérir le nom de femme « forte [1]. » Cette soif de considération,

[1] IVe *Entretien.*

est le trait caractéristique de madame de
Maintenon; elle lui dut ses vertus comme
ses défauts. On remarque en elle un mé-
lange de religion, d'honneur, d'orgueil
et d'ambition, et, pour nous servir d'une
expression de M. Auger : « La considéra-
« tion a été tout à la fois sa fin et son
« moyen. » Elle semble, en effet, s'être
toujours dirigée par cette maxime de son
premier entretien : « Rien n'est plus *ha-*
« *bile* qu'une conduite irréprochable. »
Elle a elle-même pris le soin de la déve-
lopper : « Je ne voulois pas être aimée en
« particulier de qui que ce fût ; je voulois
« l'être de tout le monde, faire prononcer
« mon nom avec admiration et avec res-
« pect, jouer un beau personnage, et sur-
« tout être approuvée par les gens de
« bien : c'étoit là mon idole. J'en suis
« peut-être punie présentement par l'ex-
« cès de ma faveur, comme si Dieu m'eût
« dit dans sa colère : Tu veux de la gloire
« et des louanges, eh bien, tu en auras
« jusqu'à en être rassasiée [1]. »

[1] IVe *Entretien.*

Madame de Maintenon connut et prati-
qua de bonne heure les vertus religieuses:
on ne peut lire ses lettres, ses entretiens,
et les écrits que Bourdaloue et Godet des
Marais lui adressèrent, sans demeurer
convaincu qu'elle étoit dirigée par une
véritable piété. On la vit alors blâmer
les motifs qui l'avoient d'abord fait
agir, comme une autre auroit déploré de
grands écarts. « Y a-t-il rien de plus op-
« posé à la vraie vertu, disoit-elle, que
« cet orgueil dans lequel j'ai usé ma jeu-
« nesse? C'est le péché de Lucifer et le plus
« sévèrement puni par ce Dieu jaloux qui
« se plaît à résister aux superbes. »

Telle a été madame de Maintenon :
mais elle n'obtint justice qu'auprès d'un
petit nombre de ses contemporains. Son
étonnante fortune froissa les uns, humilia
les autres, lui créa partout des ennemis.
Madame de Montespan et sa société ; les
femmes qui prétendoient encore au cœur
du roi ; les princes jaloux de la confiance qu'elle avoit obtenue; les princesses
humiliées de ses réprimandes ; les ministres choqués de voir leur crédit partagé

et souvent traversé ; la maison d'Orléans qui lui attribuoit la défaveur marquée dans laquelle son chef étoit tombé, et regardoit la fortune du duc du Maine comme son ouvrage : protestants, jansénistes et quiétistes, tous réunis contre elle, lui reprochoient les maux et les revers de la France. Madame de Bavière, Saint-Simon et La Fare, furent les échos de ces préventions, et ils remplirent leurs écrits d'accusations que la haine avoit dictées. Saint-Simon eut sur l'opinion une influence d'autant plus grande, que ses écrits, demeurés long-temps secrets, sembloient contenir des vérités dont la publication étoit redoutée. Une réputation méritée d'honneur et de vertu donnoit plus de poids à ses assertions ; et ce qui n'étoit en lui que causticité s'attribuoit à la sévérité de ses mœurs. Duclos et Marmontel le lurent sans précaution : ils adoptèrent trop souvent ses récits envenimés par la prévention. Voltaire, toujours judicieux, quand il n'a pas intérêt à cesser de le paroître, fut plus équitable envers madame de Maintenon : il la montre « ne s'em-

« pressant jamais de parler d'affaires d'é-
« tat, paroissant toujours les ignorer,
« rejetant bien loin tout ce qui avoit la
« plus légère apparence d'intrigue et de
« cabale, beaucoup plus occupée de com-
« plaire à celui qui gouvernoit que de
« gouverner, ménageant son crédit, et
« ne l'employant qu'avec une circonspec-
« tion extrême. » Voltaire avoit vécu avec
les contemporains de madame de Maintenon : les Mémoires de Saint-Simon ne lui
étoient pas inconnus ; mais il se défia
prudemment d'un écrivain que la passion
a quelquefois tellement dominé, que Fénelon lui-même n'est plus à ses yeux
qu'un homme fin et adroit, arrivé par
l'intrigue.

La Beaumelle a publié les *Lettres* de
madame de Maintenon, qui sont les meil-
leurs mémoires de cette femme célèbre :
elles présentent, dit Voltaire, « un carac-
« tère de naturel et de vérité, qu'il est
« presque impossible de contrefaire [1]. »
Il ne faut pas y chercher le genre d'agré-

[1] *Siècle de Louis XIV.*

ment qui distingue les lettres de madame de Sévigné ; cette dernière paroît causer plutôt qu'elle n'écrit, elle aime à raconter, et multiplie les récits. Madame de Maintenon, placée dans une situation différente, ne pouvoit se livrer à ces épanchements qui sont le charme principal du style épistolaire ; aussi fait-elle peu de narrations, elle se contente d'indiquer une anecdote que connoît son correspondant : mais brève, claire et précise, elle se fait remarquer par des réflexions judicieuses et profondes, que souvent l'auteur des *Maximes* n'auroit pas désavouées. La première édition de ses lettres a paru en 1752, Nancy, 2 vol. in-12. C'étoit une sorte d'essai. La Beaumelle en donna une beaucoup plus étendue, Amsterdam, 1756, 9 vol. in-12. Cet éditeur a malheureusement gâté tout ce qu'il a touché ; il y a peu de lettres dans sa vaste collection qu'il n'ait défigurées. Le rédacteur de cette notice a lui-même vérifié une partie de ces altérations sur un assez grand nombre de lettres autographes de madame de Maintenon. Une nouvelle édition a été publiée en 1807, chez Léopold Collin, 6 vol. in-12 : elle est précédée d'une excellente notice par M. Auger. On a rétabli dans cette édition une partie des altérations de La Beaumelle, et on y a inséré beaucoup de lettres qui n'avoient pas encore été imprimées ; mais l'éditeur en a négligé d'autres qui avoient paru dans l'édition d'Amsterdam. Une nouvelle édition donnée en 1815, en 4 vol. in-8° ou in-12, n'est que la réimpression partielle de celle de 1807. A la suite des Lettres, on trouve quelques opuscules de madame de Maintenon.

Sans cesse occupée de ses filles, madame de Maintenon composa pour elles des *Conversations* sur des points de morale, d'usage ou de bienséance, que les demoiselles de Saint-Cyr récitoient devant leur fondatrice, et quelquefois même en la présence du roi. Il en a été publié une partie en 1757, sous le titre de *Loisirs de madame de Maintenon*, réimprimés en 1808. Nous venons de trouver dans les papiers de mademoiselle d'Aumale, que M. le comte de la Tour-d'Auvergne a eu la complaisance de nous communiquer, un manuscrit des Conversations de madame de Maintenon, en deux petits volumes in-4°, reliés aux armes de mademoiselle d'Aumale. Il contient les *Conversations* déjà imprimées, et d'autres inédites. Nous nous sommes empressés de publier ce nouvel opuscule de madame de Maintenon, comme étant des plus propres à inspirer aux jeunes personnes le sentiment de ce qui est bon, vrai, juste et bienséant, et à leur donner les notions les plus certaines sur la manière dont elles doivent se conduire dans le monde.

Madame de Maintenon a aussi écrit des *Proverbes* pour l'instruction et le divertissement des demoiselles de Saint-Cyr; ce sont des scènes courtes dans lesquelles des proverbes sont mis en action. Ces petites pièces sont contenues dans un autre volume manuscrit, qui est aussi relié aux armes d'Aumale, et qui a pour titre : *Proverbes de Madame.* Nous nous proposons de les publier aussi [1].

[1] Les conversations déjà publiées sous le titre

Elle a aussi composé l'*Esprit de l'Institut des filles de Saint-Louis :* elle fit paroître ce petit ouvrage vraiment admirable , sous l'approbation de Godet des Marais, évêque de Chartres ; 1699, in-12, et 1711 ; il a été réimprimé par M. Renouard, in-18 et in-12 , en 1808.

Les dames de Saint-Cyr ont conservé quelques-uns des *Entretiens* de madame de Maintenon. Ils donnent d'elle une idée juste ; on y voit à quel point elle étoit désabusée des grandeurs qu'elle avoit d'abord tant ambitionnées : ils sont écrits avec un ton de vérité que l'on ne sauroit contrefaire. La Beaumelle les a donnés à la suite des lettres.

Il vient d'être publié un recueil important ayant pour titre: *Lettres inédites de madame de Maintenon et de madame la princesse des Ursins*. Paris, Bossange,

de *Loisirs de madame de Maintenon* , viennent d'être réimprimées dans le même format que les nouvelles. Elles se trouvent chez M. Blaise , Libraire-Editeur de la *Bibliothèque des Familles Chrétiennes*.

1826, 4 vol. in-8°. Cette correspondance a été imprimée sur la copie que le duc de Choiseul en avoit fait faire sur les originaux. Elle jette du jour sur beaucoup d'évènements de la fin du règne de Louis XIV.

L'abbé Berthier a fait imprimer le recueil des lettres que Godet des Marais, évêque de Chartres, avoit écrites à madame de Maintenon. Elles composent 1 vol. in-12, Bruxelles, 1755.

La société des bibliophiles français, dont le but principal est de tirer de la poussière des bibliothèques les monuments que le temps pourroit détruire, a publié, en 1822, au nombre de trente exemplaires seulement, *les Lettres de Louis XIV, de Monseigneur le Dauphin, et d'autres princes et princesses de la maison de France, adressées à madame la marquise de Maintenon*. Paris, Firmin Didot, 1822, grand in-8° de 92 pages. On y trouve la lettre que Louis XIV lui écrivit de Montargis, le 4 novembre 1696, quand ce monarque y vint recevoir la duchesse de Bourgogne. La même société a encore publié dans ses *mélanges* de 1827 une lettre de madame de Maintenon à M. de Caylus, évêque d'Auxerre.

Il n'existe pas de recueil où les lettres de madame de Maintenon soient présentées d'une manière satisfaisante. Il seroit à désirer qu'on les rapprochât des originaux, dont la plupart existent encore, qu'on en fît soigneusement disparoître toutes les altérations et les intercalations dont La Beaumelle les a souillées, et qu'on les plaçât dans leur ordre chronologique, comme on a fait pour les lettres de madame de Sévigné. Le littérateur qui se livreroit à ce travail s'imposeroit de grandes recherches, mais il auroit rendu un véritable service.

Il faut placer madame de Caylus au premier rang des écrivains qui font connoître madame de Maintenon. Ses *Souvenirs* sont un des tableaux les plus vrais de la cour de Louis XIV; elle y a retracé tout ce qu'elle avoit recueilli en conversant avec sa tante, et une partie de ce qu'elle a vu ou su par elle-même[1]. Une

[1] Voyez la notice historique sur madame de Caylus, et sur ses Souvenirs, que nous avons in-

autre femme contemporaine et long-temps
compagne de madame de Maintenon, a
laissé d'importants mémoires pour servir
à l'histoire de sa bienfaitrice. C'est mademoiselle d'Aumale, qui, depuis 1704 jusqu'en 1719, époque de la mort de madame
de Maintenon, ne l'a pour ainsi dire pas
quittée. Ses mémoires sont entre nos
mains et nous sommes sur le point de les
publier. La Beaumelle a donné, en
1755, les *Mémoires de madame de Maintenon*, Amsterdam, 6 vol. in-12. Cet écrivain a cherché à répandre sur son ouvrage
un intérêt romanesque qui discrédite l'histoire : son style vif, coupé, et semé d'é-
pigrammes, tient son lecteur dans une
juste défiance. Il est cependant certain que
La Beaumelle a eu sous les yeux des ma-
tériaux importants, et que les dames de
Saint-Cyr avoient mis à sa disposition des
manuscrits précieux. S'il est prudent de
ne pas s'en rapporter aveuglément au té-

sérée dans la collection des mémoires relatifs à
l'histoire de France, t. LXVI, p. 335 de la seconde série.

moignage de cet écrivain, il ne faut cependant pas le dédaigner entièrement. Caraccioli donna en 1786 une *Vie de madame de Maintenon*, 1 vol. in-12. C'est un panégyrique plutôt qu'une histoire. Il étoit réservé à une femme de nous donner l'ouvrage qui fait jusqu'à présent le mieux apprécier madame de Maintenon : madame Suard, après avoir mis au jour, en 1808, une *Lettre sur madame de Maintenon, écrite par une femme à son amie* (in-8°, de 44 pag.), a publié, en 1810, *Madame de Maintenon peinte par elle-même.* Ses lettres, ses entretiens, quelquefois ses mémoires, sont mis à contribution, et présentent la série des principaux événements de sa vie : on éprouve seulement le regret de voir que l'auteur de cet ouvrage s'est laissé entraîner vers l'apologie. M. Lafont d'Aussonne a donné une *Histoire de madame de Maintenon*, Paris, 1814, 2 vol. in-8°. On n'en parle ici que pour ne rien omettre. Madame de Genlis a fait de madame de Maintenon le sujet d'un roman historique, Paris, 1806. Cet ouvrage agréable a tous les défauts

inséparables de ce genre de composition;
on ne peut que regretter qu'un aussi
beau talent n'ait pas craint de mêler à
l'histoire, des récits fabuleux que les es-
prits légers sont trop facilement disposés
à confondre avec la vérité. M. Regnault
Warin a aussi fait un roman dont madame
de Maintenon est l'héroïne.

L. J. N. MONMERQUÉ.